BEI GRIN MACHT SICH
WISSEN BEZAHLT

- Wir veröffentlichen Ihre Hausarbeit,
  Bachelor- und Masterarbeit

- Ihr eigenes eBook und Buch -
  weltweit in allen wichtigen Shops

- Verdienen Sie an jedem Verkauf

Jetzt bei www.GRIN.com hochladen
und kostenlos publizieren

Jeff Behnke

Theorie und Implementierung von symmetrischen Verschlüsselungen

GRIN Verlag

Bibliografische Information der Deutschen Nationalbibliothek:

Die Deutsche Bibliothek verzeichnet diese Publikation in der Deutschen National-
bibliografie; detaillierte bibliografische Daten sind im Internet über http://dnb.d-
nb.de/ abrufbar.

Impressum:

Copyright © 2010 GRIN Verlag GmbH
Druck und Bindung: Books on Demand GmbH, Norderstedt Germany
ISBN: 978-3-656-13901-0

Dieses Buch bei GRIN:

http://www.grin.com/de/e-book/189506/theorie-und-implementierung-von-symme-
trischen-verschluesselungen

GRIN - Your knowledge has value

Der GRIN Verlag publiziert seit 1998 wissenschaftliche Arbeiten von Studenten, Hochschullehrern und anderen Akademikern als eBook und gedrucktes Buch. Die Verlagswebsite www.grin.com ist die ideale Plattform zur Veröffentlichung von Hausarbeiten, Abschlussarbeiten, wissenschaftlichen Aufsätzen, Dissertationen und Fachbüchern.

Besuchen Sie uns im Internet:

http://www.grin.com/

http://www.facebook.com/grincom

http://www.twitter.com/grin_com

Facharbeit

Theorie und Implementierung von symmetrischen Verschlüsselungen

von

Jeff Behnke

Leistungskurs Informatik
Jahrgangsstufe 12
Besselgymnasium Minden
Schuljahr 2009/2010

Themenstellung: 17.12.2009

Bearbeitungszeitraum: 8 Wochen

Abgabetermin: 26.02.2010

Inhaltsverzeichnis

1. Einleitung

1.1 Hinführung

Die Kryptologie spielt in unserer heutigen Zeit eine immer wichtiger werdende Rolle. Dies ist durch den Wandel der Industrie- zur Informationsgesellschaft zu erklären. Jeder hat täglich mit kryptologischen Techniken Kontakt. Die Einsatzgebiete im täglichen Leben reichen von Mobiltelefonen, über PCs und ihre Netzwerke, hin zum bargeldlosen Bezahlen mittels EC-Karte, oder dem in Anspruch nehmen von Pay-TV Diensten. Hierbei werden elektronische Signale verschlüsselt, um sie unzugänglich für Dritte zu machen.

Diese Facharbeit beschäftigt sich mit der Grundlage der heutigen Verschlüsselungen, der sogenannten klassischen Kryptologie. Diese beinhaltet zumeist symmetrische Systeme. Ein besonderes Augenmerk wird dabei auf die Vigenère-Chiffre gelegt, welche als bekannteste polyalphabetische Verschlüsselung gilt. Um diese verständlich darzustellen, wird zunächst die monoalphabetische Caesar-Methode erläutert, um im Anschluss die Vigenère-Chiffre detailliert beschreiben, analysieren und implementieren zu können. Die Schlussbetrachtung liefert einen Überblick über die erhaltenen Ergebnisse und gibt einen kurzen Einblick in die Gegenwart bzw. Zukunft.

2. Grundlagen der Kryptologie

2.1 Kryptologie – Was ist das?

Kryptologie (griech. kryptós = versteckt, geheim und logos = Lehre, Kunde) ist „die Wissenschaft der Ver- und Entschlüsselung von Textmaterial zwecks Geheimhaltung des Inhalts"[1]. Sie besteht aus zwei Gebieten, der Kryptographie (griech. Gráphein = schreiben) und der Kryptoanalyse. Ersteres ist die „die Wis-

---

[1] Vgl. http://www.informatik.uni-leipzig.de/~meiler/Schuelerseiten.dir/BLuebeck/kryptologie.html

senschaft der Verschlüsselung von Informationen"[2] und letzteres beschäftigt sich mit der Entschlüsselung von Informationen.

Die Geschichte der Kryptologie ist sehr alt. Als die Fähigkeit, schriftliche Nachrichten zu verfassen und zu lesen, kein Privileg mehr war, entstand die Notwendigkeit Botschaften zu verschlüsseln und sie so nur einem bestimmten Leserkreis zugänglich zu machen. Es wurde anfangs mit der Transposition, dem neuordnen der Buchstaben in einem Wort, gearbeitet. Später wurde die Substitution verwendet, in der ein Buchstabe mit einem anderen ausgetauscht wird. Hier ist zwischen der monoalphabetischen und polyalphabetischen Substitution zu unterscheiden. Der Hauptunterschied liegt hier in der Anzahl der verwendeten Geheimtextalphabete. Während in der monoalphabetischen Substitution nur auf ein Geheimtextalphabet zurückgegriffen wird, greifen polyalphabetische Verfahren auf mehrere Geheimtextalphabete zurück, was einen erhöhten Sicherheitsstandard gewährleistet. Als Beispiel dienen die in der Facharbeit erläuterten Verfahren von Caesar (monoalphabetisch) und die darauf aufbauende Chiffre von Vigenère (polyalphabetisch). Diese Zeitspanne, in der hauptsächlich auf die Transposition und die Substitution zurückgegriffen wurde, nennt man klassische Kryptologie.

Bedingt durch den technischen Fortschritt und die neuen Bedürfnisse der Moderne, wurde allerdings eine neue Form der Verschlüsselung notwendig, die moderne Kryptologie. Sie ist nicht Gegenstand dieser Arbeit, aber trotzdem wichtig, um die Zusammenhänge und Gegensätze von Klassik und Moderne zu begreifen. Die moderne Kryptologie unterscheidet sich von der klassischen Kryptographie hauptsächlich in den Verfahren zur Codierung und Decodierung und den technische Möglichkeiten. Im Gegensatz zur bekannten, symmetrischen Verschlüsselung, welche in der klassischen Kryptologie Anwendung fand und den gleichen Schlüssel für alle Operationen (Ver- und Entschlüsseln) verwendet, kommt nun die asymmetrische Verschlüsselung hinzu. Diese zeichnet sich durch die Verwendung von mehreren Schlüsseln aus. Außerdem sind durch die Nutzung von einzelnen Bits der zu verschlüsselnden Daten nicht nur mehr Nachrichten codierbar, sondern auch Informationen und Signale aller Art, die „keinen Text repräsentieren"[3]. Diese neuen Verfahren machen die Kryptolo-

[2] Vgl. Wikipedia, Kryptographie
[3] Vgl. Wikipedia, Kryptographie

gie sicherer, allerdings nicht unknackbar, da der Geheimtext immer noch mit Hilfe einer Kryptoanalyse dechiffrierbar ist. Eine Ausnahme bildet die One-Time-Pad Methode, welche bis heute als nicht dechiffrierbar gilt. Hier wird eine zufällig generierte Folge von Buchstaben in der Länge des zu codierenden Textes nur ein einziges Mal verwendet.

Generell lassen sich die Ziele der Kryptologie in verschiedene Bereiche gliedern:

1. Vertraulichkeit : Nur ausgewählte Personen sollen in der Lage sein, die Information zu entschlüsseln.
2. Integrität: Die Möglichkeit, nachzuvollziehen, ob die Informationen verändert wurden.
3. Authentizität und Verbindlichkeit: Sender und Urheber sind eindeutig bestimmbar.[4]

2.2 Terminologie

Wie jeder Fachbereich, benutzt auch die Kryptologie eigene Fach- und Fremdwörter. Diese Erläuterungen sollen dabei helfen, gegebenfalls unbekannte Wörter zu verstehen.

- **Klartext:** Der Ausgangstext.
- **Schlüssel:** Eine Anordnung von Zeichen, ein Passwort.
- **Verschlüsselung, Chiffrierung, Codierung:** Das unkenntlich machen des Klartextes.
- **Entschlüsselung, Dechiffrierung, Decodierung:** Das lesbar machen des Geheimtextes.
- **Geheimtext:** Der unkenntlich gemachte Klartext.
- **Primfaktorzerlegung:** Die Darstellung natürlicher Zahlen als Produktkette von Primzahlen
- **Häufigkeitsanalyse:** Eine Methode zur Entschlüsselung von Geheimtexten. Hierbei werden die Buchstaben gezählt und ihre Häufigkeiten analysiert, wodurch Rückschlüsse auf den originalen Buchstaben ermöglicht

---

[4] Vgl. Wikipedia, Kryptographie

werden. Beispiel: Im Deutschen hat das „e" eine Häufigkeit von etwa 17%. Kommt nun in einer, wahrscheinlich auf Deutsch verfassten, codierten Nachricht ein seltener Buchstabe wie „z" oder „q" zu 17% vor, so kann man davon ausgehen, dass dieser einem „e" im Klartext entspricht.

2.3 Caesar Verfahren - Die monoalphabetische Substitution

Dieses Verfahren geht zurück auf Gaius Julius Caesar (100 v. Chr. - 44 v. Chr.). Er benutze diese Chiffre, um die geheime Kommunikation zwischen ihm und seinen Feldherren und Freunden zu ermöglichen. Als Grundlage dient das normale Alphabet von A-Z, welches, wie in Abb. 1 zu sehen, um 3 Zeichen nach links verschoben wird, wodurch sich das Geheimtextalphabet ergibt.

a	b	c	d	e	f	g	h	i	j	k	l	m	n	o	p	q	r	s	t	u	v	w	x	y	z
D	E	F	G	H	I	J	K	L	M	N	O	P	Q	R	S	T	U	V	W	X	Y	Z	A	B	C

Abb. 1: Zuordnung Klartext (oben) → Geheimtext (unten)

Resultierend aus der Verschiebung um drei Zeichen nach links, wird ein „a" mit dem Buchstaben „D" verschlüsselt, ein „b" mit „E", ein „c" mit „F" und so weiter. Durch die Rotation würden sich allerdings drei Lücken ergeben, welche aber mit den ersten Buchstaben aus dem Alphabet (A,B und C) geschlossen werden, da man sich das Rotationssystem als ein in sich geschlossenes System vorstellen muss: Wie eine Kugel, und nicht abbrechend wie eine Scheibe. Um dieses zu verdeutlichen, und das arbeiten mit der Caesar- oder anderen Rotations-Chiffren zu vereinfachen, wurde ein System aus Drehscheiben erfunden, dass in Abb. 2 dargestellt ist.

Abb. 2: Drehscheibensystem für Rotations-Chiffren[5]

---

[5] Vgl. Kippenhahn, Rudolf, S. 82f.

Hierbei befindet sich auf der äußeren Scheibe das Klartextalphabet und mit der inneren Scheibe wird das Geheimtextalphabet bzw. der Schlüssel eingestellt[6]. Am Anfang stehen beide Scheiben an derselben Stelle („A" auf „A"). Wenn man nun eine mit diesem Verfahren verschlüsselte Nachricht entschlüsseln möchte, wird die innere Scheibe um *x* nach links gedreht, wobei *x* für den Schlüssel steht, der im Falle des Caesar-Chiffre drei ist, weshalb das Caesar Verfahren auch ROT3 (Rotate by 3 places, sinngemäß: Rotiere um 3 Stellen) genannt wird.

Eine Abwandlung dieser Chiffre wird auch heute noch unter dem Namen ROT13 verwendet. Diese Verschlüsselung rotiert die Zeichen im Alphabet um 13, statt 3, Stellen und wird hauptsächlich auf Internetseiten benutzt, um Informationen zu verschleiern, d.h. sie nicht sofort für den Besucher lesbar zu machen, damit ungewollte Informationsaufnahme, beispielsweise bei Filmbeschreibungen verhindert wird. Da die Chiffre zu einer der einfachsten gehört und sich sehr leicht entschlüsseln lässt, ist sie ideal für diesen Einsatz geeignet. Außerdem liegt bei der ROT13-Chiffre ein Sonderfall vor, da man sie nicht nur durch eine Dechiffrierung, sondern auch durch eine erneute Chiffrierung entschlüsseln kann. Das liegt daran, dass die Botschaft mit dem Schlüssel 13 chiffriert wird. Bei einer erneuten Chiffrierung werden die einzelnen Buchstaben nochmals um 13 verschoben und sind somit insgesamt 26mal verschoben worden, was bedeutet, dass dem „A" ein „A" zugeordnet wird und somit die Botschaft während der zweiten Verschlüsselung gleichzeitig entschlüsselt wird. Diesen Sonderfall nennt man involutorische Verschlüsselung[7].

Zusammenfassend kann man also sagen, dass die Caesar-Chiffre zu ihrer Entstehungszeit sicherlich eine Neuheit war und für die damaligen Zwecke ausreichte. Das Problem an der Verschlüsselung ist gleichzeitig ihre Tugend, die Einfachheit. Dadurch ist es zwar für den Empfänger möglich die Chiffre mit einem geringen Aufwand zu entschlüsseln, allerdings profitieren auch potentielle Mitleser davon.

---

[6] Vgl. Kippenhahn, Rudolf, S. 80ff.
[7] Vgl. http://wapedia.mobi/de/Verschiebechiffre

3. Die Vigenère-Verschlüsselung

3.1 Blaise de Vigenère

Blaise de Vigenère wurde am 15. April 1523 in Saint-Pourçain geboren und verstarb im Jahre 1596. De Vigenère war ein französischer Diplomat und Kryptograph. Im Alter von 24, bewarb er sich für eine Stelle als Sekretär beim Herzog von Nevers, für den er, bis zu dessen Tod, arbeitete. Nach dem Tod des Herzogs, wurde Vigenère 1549 von einem Gericht beauftragt, für 2 Jahre nach Rom zu gehen, um sich dort diplomatischen Angelegenheiten anzunehmen. Hier kam dieser erstmals mit der Kryptologie in Kontakt.

Als de Vigenère 1570 aus dem diplomatischen Dienst ausschied und Marie Varé geheiratet hatte, gab dieser sich ausschließlich dem Schreiben und der Kryptologie hin. Vigenère verfasste mehr als 20 Bücher, wobei die bekanntesten „Traicte de Cometes" (1580) und „Traicte de Chiffres" (1585) sind. Nachdem er sich mit dem Benediktinermönch Johannes Trithemius (1462-1516) beschäftigt hatte, postulierte er unter anderem die nach ihm benannte Vigenère-Verschlüsselung. Diese galt lange Zeit als nicht dechiffrierbar und wurde erst um 1850, fast 300 Jahre nach Vigenère, von Charles Babbage entschlüsselt[8].

3.2 Die Vigenère-Chiffre

Vigenères Verschlüsselung ist im Grunde eine Weiterentwicklung der Caesar-Chiffre und ebenfalls eine Verschiebe-/Rotationschiffre, allerdings greift sie auf die polyalphabetische Substitution zurück, wohingegen die Caesar Methode eine monoalphabetische Substitution darstellt.

Der Vorteil an diesem polyalphabetischen System besteht in der Anzahl der möglichen Verschlüsselungskombinationen. Während bei Caesar ein Buchstabe x immer mit dem gleichen Buchstaben y codiert wurde, kann man mit der Vigenère-Chiffre einen Buchstaben x mit 25 verschiedenen y verschlüsseln (abhängig vom gewählten Schlüsselwort). Wenn man nun ein langes Schlüsselwort wählt, welches weitgehend frei von Buchstabenwiederholungen ist, so erreicht man eine hohe Sicherheit. Da es auf den ersten Blick schier unmöglich erscheint, sämtliche Kombinationen auszuprobieren, denn schon ein relativ kleines Passwort von zwölf Zeichen führt zu 26^{12}, also 95.428.956.661.682.176,

---

[8] Vgl. http://www.r-mossbach.de/informatik/Skripte/scallgemein/Vigenereua.pdf

mögliche Kombinationen. Um die Co- und Decodierung mit seinem System einfacher zu machen, entwickelte Vigenère das sogenannte Vigenère-Quadrat, welches in Abb. 3 zu sehen ist.

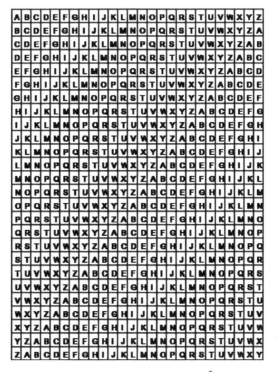

Abb. 3: Das Vigenère-Quadrat[9]

Das Vigenère-Quadrat umfasst je 26 Zeilen und Spalten. In die erste Zeile wird das normale Alphabet von A-Z geschrieben, in die folgenden Zeilen wird es jeweils um ein Zeichen nach links verschoben, wobei auftretende Lücken auf der rechten Seiten, wie beim Caesar-Chiffre, mit den auf der linken Seite ‚rausgeschobenen' Buchstaben aufgefüllt werden. Zusätzlich können die Buchstaben mit einer Nummer versehen werden, um Schlüssel mit Zahlen zu erlauben. In diesem Fall werden den Buchstaben des Alphabets die Zahlen 0-25 zugeordnet, beginnend bei 0 → A und endend bei 25 → Z.

Angenommen man will den Text ‚Wollen wir uns Morgen treffen?' mit dem Schlüsselwort ‚kino' verschlüsseln, so muss man zunächst einige

---

[9] Vgl. Pincock, Steven und Frary, Mark

Vorbereitungen treffen: Aus dem Klartext, also („Wollen wir uns Morgen treffen?'), sollten alle Leer- und Satzzeichen entfernt werden, denn diese stellen ein potentielles Risiko dar, da sie Rückschlüsse auf den Text zulassen. Das Schlüsselwort muss außerdem genausoviele Zeichen wie der Klartext besitzen. Entweder man verwendet eine einzigartige Kombination aus Zeichen, oder man schreibt das Wort mehrmals hintereinander, bis es die gewünschte Länge erreicht hat. Nachdem man das getan haben, liegt folgende Situation vor:

Klartext: wollenwirunsmorgentreffen

Schlüssel: kinokinokinokinokinokinok

Um den Klartext nun zu verschlüsseln benötigt man das Vigenère-Quadrat. Es wird jedem Klartextbuchstaben ein anderer Buchstabe zugeordnet, welcher sich hinter dem Schlüsselbuchstaben an einer bestimmten Position verbirgt. In unserem Fall wird das ‚w' mit einem ‚g' verschlüsselt. Um das ‚g' als Geheimtextbuchstaben herauszubekommen muss man folgendes Prinzip anweden:

Die oberste Zeile der Spalten stellt die einzelnen Buchstaben des Klartextes dar. Wennalso das erste Zeichen im Klartext ein ‚w' ist, so muss man in der obersten Zeile der Spalten nach diesem Buchstaben suchen und sich die Position markieren. Nun muss man den ersten Buchstaben des Schlüsselwortes, in unserem Fall ein ‚k', in der linken, äußeren Spalte suchen und sich diese Position ebenfalls mit einem Finger markieren. Der Geheimtextbuchstabe steht nun an dem Schnittpunkt der beiden Linien. Diesen Vorgang wiederholt man, bis alle Buchstaben einem anderen zugeordnet worden sind[10].

Das Endprodukt unserer Beispielverschlüsselung sieht also wie folgt aus:

Klartext: wollenwirunsmorgentreffen

Schlüssel: kinokinokinokinokinokinok

Geheimtext: gwyzovjwbcagwweuovgfonssx

Die folgende Abbildung (Abb. 4), soll die oben beschriebe Methode nochmals verdeutlichen.

---

[10] Vgl. Kippenhahn, Rudolf, S. 142 ff.

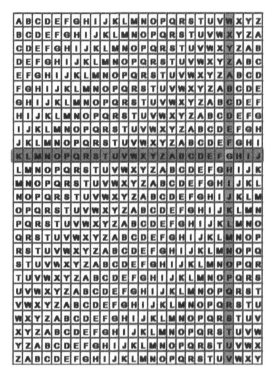

Abb. 4: Visualisierung der Codierungsmethode[11]

Rot: Vertikale Linie, ausgehend vom ‚W'

Blau: Horizontale Linie, ausgehend vom ‚K'

Grün: Schnittpunkt und damit der gesuchte Buchstabe

Damit der Empfänger die Botschaft entschlüsseln kann, ist ein anderes Verfahren notwendig. Der Empfänger hat folgende Informationen zur Verfügung:

Schlüssel: kinokinokinokinokinokinok

Geheimtext: gwyzovjwbcagwweuovgfonssx

Um den Geheimtext nun wieder in einen lesbaren Klartext umzuwandeln, wird zunächst das erste Zeichen des Schlüsselwortes genommen, hier also ein ‚k'. Man beginnt in der Spalte, wo das ‚k' in der obersten Zeile steht und geht in dieser Spalte nun Zeile für Zeile nach unten, bis man auf den ersten Buchstaben des Geheimtextes trifft, in unserem Beispiel ein ‚g'.

---

[11] Vgl. Pincock, Steven und Frary, Mark

Hat man diese Zeile erreicht, steht der Klartextbuchstabe an der äußersten linken Position dieser Zeile, hier ein ‚w'. Dieses Verfahren wird für jeden Buchstaben im Geheimtext angewendet[12]. Das Endergebniss lautet:

Schlüssel: kinokinokinokinokinokinok
Geheimtext: gwyzovjwbcagwweuovgfonssx
Klartext: wollenwirunsmorgentreffen

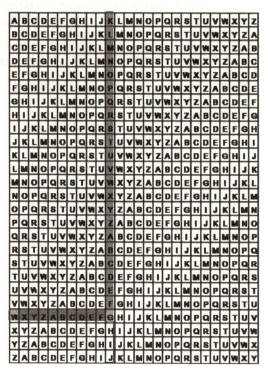

Abb. 5: Visualisierung des Decodierverfahrens[13]

Rot: Vertikale Linie, ausgehend vom ‚K'

Orange: Erster Orientierungspunkt ‚G'

Blau: Verbindung zwischen dem ersten Orientierungspunkt und der äußersten linken Stelle dieser Zeile

Grün: Endpunkt und damit der gesuchte Buchstabe

---

[12] Vgl. Kippenhahn, Rudolf, S. 143 ff.
[13] Vgl. Pincock, Steven und Frary, Mark

3.3 Kryptoanalyse - Kasiski Test

Friedrich W. Kasiski (1805-1881) war Angehöriger des ostpreußischen Militärs. Nachdem der Ostpreuße mit 17 in die Armee eingetreten war, wurde er kurz darauf Offizier und stieg bis zum Major auf, bevor Kasiski selbst seine Karriere beendete. Daraufhin widmete der Mann sich für kurze Zeit der Kryptologie und veröffentlichte „Die Geheimschriften und die Dechiffrierkunst", welche auch das nach ihm benannte Verfahren zur Dechiffrierung der Vigenère Verschlüsselung beinhaltete. Charles Babbage hatte schon 1854 das gleiche Verfahren entdeckt, es allerdings nie veröffentlicht. Kasiskis Buch bleib aber weitgehend unbeachtet und somit gab er die Kryptologie auf und wurde Anthropologe.

Der Zweck seines Testes ist es, die Länge des Schlüssels rauszubekommen. Seine Idee: Der Geheimtext enthält meist gleiche Buchstabenfolgen, da es gleiche Klartextwörter und Schlüsselwortbuchstaben gibt. Angenommen wir haben folgende Geheimtextabfolge[14]:

AZBBDPHMAKDDNOXGPQFGWNXMRWGQKAMNYSLOWHBDNMGDNAB-
DDBWQAQLBDQYEADHQWVDDNTBDCMGDNOXGPHNLAZLSAVNMZNK-
ZCBXHJMGLWBKNOMGMWOXMKALDSWAHJOXG-
PLBDNMBRAEBQXZBMCMGCQMGFAUBSPMEMWKALKATLXQDTJLD-
NIUXMIQMDEVXQHIWTJODZBNXDVCKTAKDFQBZDJWLRAEXHPM-
KLWKADJJXHIHPDEBXMOKAHBNWHAOEDE-
KADBZTFAVTFAVHROMPNDQGFAPMCEMKDEAXVEZAZXMGE-
WPKQWMWDNOXKWLXMZQXVEZSTCMGNOAXEELXKYILSN-
WUQEVZDJHNQQMVJGWFLAVPHNUBSAQGDNTTCQVZAWVTMAVZTPO-
XMKALDSMBSAZFZYPXMHMMYPMGCHQVGXMBLZZBSPMGRYP-
BEBVTFAVHROMPNDQGFAPMCEMKDEAXVEZUQEVZDJSTE-
BMXTJLUZJIGDJVTBDTXMEVZQWLNMZEHLEBDNIUMHDZST-
NCXBGVTVEMBLIMKFIQMCAZXHOMGAWPG[15]

Dieser Text muss nun auf wiederkehrende Buchstabenfolgen untersucht werden. Wenn diese gefunden sind, werden die Abstände zwischen den Folgen ausgewertet und anschließend wird eine Primfaktorzerlegung vorgenommen.

---

[14] Vgl. http://de.wikipedia.org/wiki/Friedrich_Wilhelm_Kasiski
[15] Vgl. http://www.elghalle.de/fachschaften/informatik/Klassen/12/kryptologie_kasiski_krause.htm

Aus dieser lässt sich dann die Länge des Schlüssels ermitteln. Diese Methode kann allerdings die Länge des Schlüssels nicht mit hundertprozentiger Sicherheit ermitteln, da sie unter Umständen nur Vielfache der Schlüssellänge als Ergebnis hat und nicht die Schlüssellänge selbst.

Für den vorliegenden Text liegen unter anderem die folgenden Buchstabengruppen wiederholt vor:

Buchstabenfolge	Abstand	Primfaktoren
AKD	196	2*2*7*7
DNOX	292	2*2*73
NOXGP	64	2*2*2*2*2*2
DNT	300	2*2*3*5*5

Abb. 6: Buchstabenanalyse

Wir können feststellen, dass der dominierende Primfaktor die 2 ist. Zwei Stellen für ein Schlüsselwort sind aber unrealistisch kurz, da dies eine sehr einfache Decodierung zur Folge hätte. Allerdings ist bei jeder der Buchstabengruppen die 2*2, also 4, vertreten. Vier Stellen für ein Schlüsselwort sind schon realistischer, also nehmen wir jetzt an, dass das gesuchte Schlüsselwort aus vier Zeichen besteht.

3.4 Auswertung der Analyse

Durch den Kasiski-Test wissen wir, dass der Schlüssel 4 Zeichen hat und somit die Geheimtextbuchstaben 1,5,9,13,... mit dem ersten Buchstaben des Schlüssels codiert worden sind, die Geheimtextbuchstaben 2,6,10,14,... mit dem zweiten Zeichen des Schlüssels, 3,7,11,15,... mit dem Dritten und 4,8,12,16,... mit dem Vierten. Anhand dieser Information erstellen wir also vier Buchstabenketten[16]:

Kette1:   ADANPWRKYWNNDADAWNCNPAAZCJWOWKSJP-
NAXCQAPWKXJIIEHJBVAQJAPWJIEOBAEBAAODAEEEXWWNWZECOEY-
NEJQGANANQWAPKSA YHPHXZPYBAODA EEEEJBJJJDEW ZEIDNGEIIA-
OW

---

[16] Vgl. Kippenhahn, Rudolf, S. 149 ff.

Kette 2:

ZPKOQNWASHMABQQDVTMOHZVNBMBMOAWOLMEZMMUM-
KAQLUQVIONCKBWEMKJHBKNOKZVVMQPMAZMPMOLQZMA-
LIWVHMWVUQTVVVOAMZPMMQMZMPVVMQPMAZVSMLIVTVLE-
BUZCVMMQZMP

Kette 3:

BHDXFXGMLBGBWLYHDBGXNLNKXGKGXLAXBBBBGG-
BEATDDXMXWDXKDZLXKAXPXAWEATTHPGMKXAG-
KWXXXSGXXLUZNVFPBGTZTZXLBFXMGVBBGBTHPGMKXUZTXUGTXZN
HDMSXTBKMXGG

Kette 4:

BMDGGMQNODDDQBEQDDDGLSMZHLNMMDHGDRQMCFS-
MLLTNMDQTZDTFDRHLDHDMHHDDFFRN-
FCDVZEQDKMVTNEKSQDQJLHSDCAMTMDSZMYCGLSREFRN-
FCDVQDETZDBMQMLNHTBVLFCHA[17]

Für jede dieser Ketten muss nun eine Häufigkeitsanalyse durchgeführt werden. Das ‚e' ist im Deutschen mit Abstand am häufigsten vertreten, also sollte der am meisten vorkommende Buchstabe, in den jeweiligen Ketten, dem ‚e' entsprechen. Haben wir diesen gefunden, können wir anhand des Vigenère-Quadrats den jeweiligen Buchstaben für das Schlüsselwort herausfinden. Die häufigsten Buchstaben in den einzelnen Ketten sind:

Kette 1: A mit 14.29%
Kette 2: M mit 17.69%
Kette 3: X mit 17.01%
Kette 4: D mit 16.44%

Da man nun davon ausgeht, dass das ‚A', ‚M', ‚X', und ‚D' einem ‚e' entsprechen, nimmt man jetzt das Vigenère-Quadrat und geht in die Zeile wo

---

[17]Vgl. http://www.elghalle.de/fachschaften/informatik/Klassen/12/kryptologie_kasiski_krause.htm

das ‚e' an der äußersten linken Position zu finden ist. Von hier geht man nun immerweiter nach rechts, bis man in die Spalte kommt wo das ‚a' steht. Hier geht man nun nach oben und endet so beim ‚W'. Diesen Vorgang wiederholt man für ‚M', ‚X' und ‚D', so dass man folgendes Ergebnis kriegen: ‚W' ,I' ,T' ,Z' Man hat das Schlüsselwort nun erfolgreich herausgefunden, es ist ‚Witz'.Zum besseren Verständnis, dieses Verfahrens, dient Abb. 7.

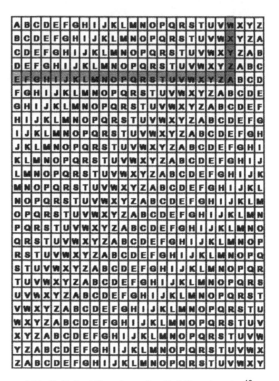

Abb. 7: Entschlüsselung des Schlüsselwortes[18]

Orange: Startpunkt ‚E'

Rot: Verbindung zwischen Start- und Zwischenstop

Lila: Zwischenstop beim ‚A'

Blau: Verbindung zwischen Zwischenstop und Zielpunkt

Grün: Zielpunkt ‚W'

Von nun an kann man es wie einen ganz normalen Vigenère-Chiffre behandeln, da man sowohl Geheimtext als auch Schlüssel kennt. Somit hat man einen mit

---

[18] Vgl. Pincock, Steven und Frary, Mark

Vigenère verschlüsselten Text mit der Methode Friedrich Kasiskis bzw. der von Charles Babbage erfolgreich decodiert. Bevor diese Methode entwickelt wurde, galt die Vigenère-Chiffre für fast 300 Jahre als nicht dechiffrierbar.

4. Schlussbetrachtung

Im Laufe dieser Facharbeit haben wir kryptologische Grundbegriffe geklärt, die Geheimnisse Caesars aufgedeckt und viel über Blaise de Vigenère, seine berühmte Chiffre und deren Dechiffrierung gelernt. Die Frage, die sich nun stellt, ist, ob sich Caesar- oder Vigenère-Chiffre bzw. symmetrische Verschlüsselungen im Allgemeinen heutzutage noch sicher verwenden lassen.

Die Antwort darauf ist nein! Denn sowohl Caesar-, als auch Vigenère-Chiffre wurden durch die Kryptoanalyse entschlüsselt und die Methoden dazu sind hinlänglich bekannt und für Jedermann zugänglich. Somit sind diese beiden Verfahren für die Übermittlung sensibler Daten nicht mehr geeignet. Symmetrische Systeme sind seit der Einführung asymmetrischer Verfahren im Allgemeinen zu meiden, denn sie werden immer einen entscheidenen Nachteil haben, es wird das gleiche Schlüsselwort für Ver- und Entschlüsselung benutzt.

Für bestimmte Gruppen, vorallem im Privatbereich, sind aber auch in der Neuzeit die klassischen Verschlüsselungen von Vorteil, da sie simpler sind und somit weniger Aufwand erfordern, aber trotzdem einen gewissen Schutz bieten. Hier muss abgewogen werden, wie wichtig die Informationen sind die übermittelt werden sollen und wie wahrscheinlich es ist, dass ein Dritter die Botschaft abfangen möchte.

Als Fazit kann man festhalten, dass jeder klassische Kryptograph seinen Teil für den stetigen Fortschritt in der Kryptologie geleistet hat, denn auch moderne Verfahren basieren immer noch auf klassischen, oder haben aus den Fehlern dieser gelernt. In der Zukunft werden die Fortschritte in diesem Bereich anhalten, denn die Kryptologie ist eine wichtige Wissenschaft der heutigen Welt, da sie von jedem größeren Unternehmen benötigt wird, um Daten zu schützen und auch im privaten Bereich, z.B. im Internet, werden ständig Daten ver- und entschlüsselt.

5. Implementierung

Zur Verwendung wird das Java Software Development Kit (JDK), die Java Runtime Environment (JRE) und ein Java Editor benötigt. Zu finden ist dies auf: www.java.com/de/

Im Java Editor müssen nun die auf der CD gespeicherten Dateien geöffnet werden und die Klasse *Starter* als Startklasse festgelegt werden. Anschließend kann das Programm gestartet werden. Nun erscheint die Benutzeroberfläche, welche das arbeiten mit dem Programm ermöglicht (siehe dazu Abb. 8).

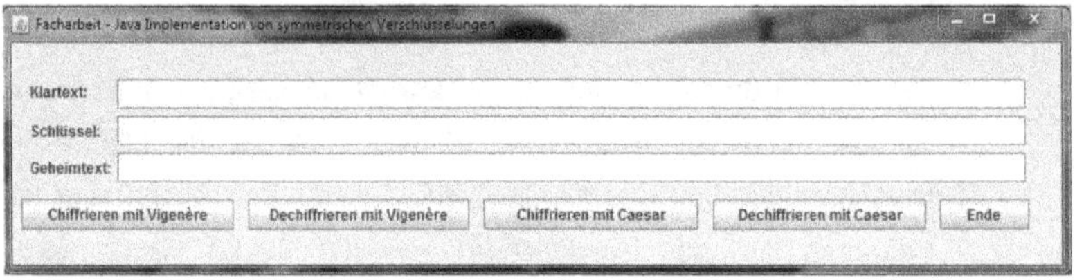

Abb. 8: Die Benutzeroberfläche (GUI – Graphical User Interface) der Software

Die nutzbaren Bereiche beschränken sich auf drei Textfelder, jeweils eins für den Klartext, Geheimtext und den Schlüssel. Zudem befinden sich fünf Knöpfe (Buttons) auf der Benutzeroberfläche, welche die jeweiligen Aktionen auslösen.

Es wurden sowohl die Caesar-, als auch die Vigenère-Chiffre implementiert. Um diese erfolgreich nutzen zu können, müssen entweder Klartext und Schlüssel (Chiffrieren), oder Schlüssel und Geheimtext (Dechiffrieren) eingegeben werden. Zu beachten ist, dass beim Vigenère-Verfahren ein Wort verwendet wird und bei der Caesar-Methode eine Zahl, wobei die originale Chiffre die 3 verwendet. Es können allerdings auch alle anderen Zahlen verwendet werden.

Der Quellcode befindet sich im Anhang[19] [20].

---

[19] Vgl. http://www.zitadelle.juel.nw.schule.de/if/java/krypto/Mono.html
[20] Vgl. http://cojobo.bonn.de/~n_neuhau/Vigenere.html

6. Literaturverzeichnis

Bücher

Beutelspacher, Albrecht. *Kryptologie.* Vieweg 1996

Buchmann, Johannes: *Einführung in die Kryptographie.* Springer-Verlag Berlin Heidelberg 1999

Kippenhahn, Rudolf: *Verschlüsselte Botschaften—Geheimschrift, Enigma und Chipkarte.* Rowohlt Taschenbuch Verlag 1999

Pincock, Steven und Frary, Mark: *Geheime Codes Die berühmtesten Verschlüsselungstechniken und ihre Geschichte.* Ehrenwirth Verlag 2007

Selke, Gisbert W: *Kryptographie — Verfahren, Ziele, Einsatzmöglichkeiten.* O'Reilly Verlag, Köln 2000

Guthmann, Andreas: *Vigenère-Verschlüsselung: Theorie und Praxis.* 1999

Internetquellen

ftp://ftp.pgpi.org/pub/pgp/6.5/docs/german/IntroToCrypto.pdf [Entnahme: 13.01.2010 16:32 MEZ]

http://avalon.ira.uka.de/eiss/fileadmin/User/enigma.pdf [Entnahme: 13.01.2010 17:34 MEZ]

http://cojobo.bonn.de/~n_neuhau/Vigenere.html [Entnahme: 12.01.2010 19:21 MEZ]

http://ddi.cs.uni-potsdam.de/HyFISCH/Informieren/Theorie/KryptoHess/Krypto1.html#Poly [Entnahme: 13.01.2010 15:08 MEZ]

http://de.wikipedia.org/wiki/Friedrich_Wilhelm_Kasiski [Entnahme: 15.01.2010 21:47 MEZ] http://de.wikipedia.org/wiki/Kryptoanalyse [Entnahme: 15.01.2010 14:49 MEZ]

http://de.wikipedia.org/wiki/Kryptographie [Entnahme: 12.01.2010 18:19 MEZ]

http://de.wikipedia.org/wiki/Kryptologie [Entnahme: 12.01.2010 16:52 MEZ]

http://public.tfh-
berlin.de/~rweis/vorlesungen/ComputerSicherheit/WeisKlassischeKrypto.pdf
[Entnahme: 13.01.2010 15:46 MEZ]

http://wapedia.mobi/de/Kryptographie [Entnahme: 12.01.2010 15:31 MEZ]

http://www.elg-
halle.de/fachschaften/informatik/Klassen/12/kryptologie_kasiski_krause.htm
[Entnahme: 15.01.2010 20:51 MEZ]

http://www.informatik.unileipzig.de/~meiler/Schuelerseiten.dir/BLuebeck/kryptol
ogie.html [Entnahme: 13.01.2010 20:59 MEZ]

http://www.nwn.de/hgm/krypto/intro.htm [Entnahme: 13.01.2010 19:12 MEZ]

http://www.r-mossbach.de/informatik/Skripte/scallgemein/Vigenereua.pdf [Ent-
nahme: 14.01.2010 14:13 MEZ]

http://www.schule.de/schulen/oszhdl/gymnasium/faecher/informatik/krypto/polya
lphabetisch.htm [Entnahme: 14.01.2010 15:03 MEZ]

http://www.zitadelle.juel.nw.schule.de/if/java/krypto/Mono.html [Entnahme:
12.01.2010 22:12 MEZ]

http://www-ivs.cs.uni-
magdeburg.de/bs/lehre/wise0102/progb/vortraege/mzoellner/chiffren1.htm [Ent-
nahme: 14.01.2010 18:49 MEZ]

Anhang

Quellcode der Starter Klasse:

```
// Facharbeit, Informatik Leistungskurs Jgst. 12, 2009/2010

// Vigenère und Caesar Ver-/Entschlüsselung

// Jeff Behnke, Final Version, 25/02/2009


class Starter

{


    public static void main(String[] args)

    {

        Facharbeit wnd = new Facharbeit();

        wnd.setSize(900,220);

        wnd.setVisible(true);

    }

}
```

Quellcode der Facharbeit Klasse:

```
// Facharbeit, Informatik Leistungskurs Jgst. 12, 2009/2010

// Vigenère und Caesar Ver-/Entschlüsselung

// Jeff Behnke, Final Version, 25/02/2009


import java.awt.*;

import java.awt.event.*;

import javax.swing.*;


public class Facharbeit extends JFrame implements ActionListener
```

```java
{

//Anfang Attributenliste

private JTextField Klartext = new JTextField();

private JTextField Schlüssel = new JTextField();

private JTextField Geheimtext = new JTextField();

private JLabel labelKlartext = new JLabel();

private JLabel labelGeheimtext = new JLabel();

private JLabel labelSchlüssel = new JLabel();

private JButton buttonChiffrieren = new JButton();

private JButton buttonDechiffrieren = new JButton();

private JButton buttonDechiffrierenCaesar = new JButton();

private JButton buttonChiffrierenCaesar = new JButton();

private JButton buttonEnde = new JButton();

//Ende Attributenliste


//Anfang Konstruktor

public Facharbeit()

{

    super("Facharbeit - Java Implementation von symmetrischen Verschlüsselungen");

    this.getContentPane().setLayout(null);


    //Vigenère chiffrieren Button

    JButton buttonChiffrieren = new JButton("Chiffrieren mit Vigenère");

    buttonChiffrieren.setBounds (8, 128, 180, 25);

    buttonChiffrieren.addActionListener(this);

    this.getContentPane().add(buttonChiffrieren);


    //Caesar chiffrieren Button

    JButton buttonChiffrierenCaesar = new JButton("Chiffrieren mit Caesar");

    buttonChiffrierenCaesar.setBounds (397, 128, 180, 25);

    buttonChiffrierenCaesar.addActionListener(this);
```

```
this.getContentPane().add(buttonChiffrierenCaesar);



//Caesar dechiffrieren Button

JButton buttonDechiffrierenCaesar = new JButton("Dechiffrieren mit Caesar");

buttonDechiffrierenCaesar.setBounds (590, 128, 180, 25);

buttonDechiffrierenCaesar.addActionListener(this);

this.getContentPane().add(buttonDechiffrierenCaesar);



//Vigenère dechiffrieren Button

JButton buttonDechiffrieren = new JButton("Dechiffrieren mit Vigenère");

buttonDechiffrieren.setBounds (200, 128, 185, 25);

buttonDechiffrieren.addActionListener(this);

this.getContentPane().add(buttonDechiffrieren);



//Ende Button

JButton buttonEnde = new JButton("Ende");

buttonEnde.setBounds (782, 128, 75, 25);

buttonEnde.addActionListener(this);

this.getContentPane().add(buttonEnde);



//Klartext Label

JLabel labelKlartext = new JLabel ("Klartext:");

labelKlartext.setBounds (16, 32, 70, 16);

this.getContentPane().add (labelKlartext);



//Geheimtext Label

JLabel labelGeheimtext = new JLabel ("Geheimtext:");

labelGeheimtext.setBounds (16, 94, 75, 16);

this.getContentPane().add (labelGeheimtext);
```

```
//Schlüssel Label

JLabel labelSchlüssel = new JLabel ("Schlüssel:");

labelSchlüssel.setBounds (16, 64, 109, 16);

this.getContentPane().add (labelSchlüssel);


//Klartext Textfeld

Klartext = new JTextField (40);

Klartext.setText ("");

Klartext.setBounds (90, 30, 765, 25);

Klartext.setBackground(Color.white);

this.getContentPane().add (Klartext);


//Geheimtext Textfeld

Geheimtext = new JTextField (40);

Geheimtext.setText ("");

Geheimtext.setBounds (90, 90, 765, 25);

Geheimtext.setBackground(Color.white);

this.getContentPane().add (Geheimtext);


//Schlüssel Textfeld

Schlüssel = new JTextField (40);

Schlüssel.setText ("");

Schlüssel.setBounds (90, 60, 765, 25);

Schlüssel.setBackground(Color.white);

this.getContentPane().add (Schlüssel);

}

//Ende Konstruktor


//Anfang Methoden

public static String vigenèreChiffrieren(String klartext, String schlüssel)

{
```

```java
klartext = klartext.toUpperCase();        //Der Text wird in Großbuchstaben umgeformt, um Probleme zu vermeiden

schlüssel = schlüssel.toUpperCase();             //s.o.

String geheimtext = "";                   //Dem geheimtext wird ein Leerstring ("") zugewiesen

for (int i = 0; i < klartext.length(); i++)  //Zählschleife, die solange agiert wie i < der Länge des Klartextes ist

{

    char k = klartext.charAt(i);             //Neuer Character k (für klartext) wird erstellt

    int k1 = (int)k;            //Neuer Integer k1 wird erzeugt, um die folgenden Rechnungen möglich zu machen

    int rotation = (int)schlüssel.charAt(i % schlüssel.length()) - (int)'A';   //Die Rotations wird errechnet

    int g1 = ( k1 - (int)'A' + rotation ) % 26 + (int)'A';   //Neuer Integer g1 wird erstellt, um die Rechnung zu ermöglichen

    char g = (char)g1;                       //Neuer Character g (für geheimtext) wird erstellt

    if (g<'A' || g >'Z')        //If-Bedingung wird erzeugt. Bedingung: g<'A' oder g >'A'. Wird gebraucht, wenn Klartext

    {                           //und Schlüsselwort Buchstabe 'A' an der selben Position haben

      g = k;      //Sollte dies der Fall sein, wird g = k gesetzt, also der Geheimtextbuchstabe = dem Klartextbuchstaben

    }

    geheimtext = geheimtext + g;
//Da der Geheimtext länger als ein Buchstabe ist, wird hier String nach und nach mit den einzelnen Buchstaben aufge-
baut

}

    return geheimtext;                       //Liefert den geheimtext zurück

}
//Die folgenden Methoden arbeiten ähnlich, deshalb wäre ist eine erneute Kommentierung unnötig.


    public static String vigenèreDechiffrieren(String geheimtext, String schlüssel)

{

    geheimtext = geheimtext.toUpperCase();

    schlüssel = schlüssel.toUpperCase();

    String klartext = "";

    for (int i = 0; i < geheimtext.length(); i++)

    {
```

```
char g = geheimtext.charAt(i);

    int g1 = (int)g;

    int rotation = (int)schlüssel.charAt(i % schlüssel.length()) - (int)'A';

    int k1 = ( g1 - (int)'A' - rotation + 26 ) % 26 + (int)'A';

    char k = (char)k1;

    if (k<'A' || k >'Z')

    {

      k = g;

    }

    klartext = klartext + k;

  }

  return klartext;

}


public static String caesarChiffrieren(String klartext, int rotation)

{

  klartext = klartext.toUpperCase();

  String geheimtext = "";

  for (int i = 0; i < klartext.length(); i++)

  {

    char k = klartext.charAt(i);

    int k1 = (int)k;

    int g1 = ( k1 - (int)'A' + rotation ) % 26 + (int)'A';

    char g = (char)g1;

    if (g<'A' || g >'Z')

    {

      g = k;

    }

    geheimtext = geheimtext + g;

  }

  return geheimtext;
```

```
}


public static String caesarDechiffrieren(String geheimtext, int rotation)

{

geheimtext = geheimtext.toUpperCase();

String klartext = "";

for (int i = 0; i < geheimtext.length(); i++)

{

    char g = geheimtext.charAt(i);

    int g1 = (int)g;

    int k1 = ( g1 - (int)'A' - rotation + 26 ) % 26 + (int)'A';

    char k = (char)k1;

    if (k<'A' || k >'Z')

    {

        k = g;

    }

    klartext = klartext + k;

}

return klartext;

}

//Ende Methoden




//Anfang Actionlistener

public void actionPerformed(ActionEvent event)

{

    String cmd = event.getActionCommand();

    if (cmd.equals("Chiffrieren mit Vigenère"))

    {
```

```
String klartext = Klartext.getText();

String schlüssel = Schlüssel.getText();

String geheimtext = Facharbeit.vigenèreChiffrieren(klartext, schlüssel);

Geheimtext.setText(geheimtext);


}

    else if (cmd.equals("Dechiffrieren mit Vigenère"))

{

    String geheimtext = Geheimtext.getText();

    String schlüssel = Schlüssel.getText();

    String klartext = Facharbeit.vigenèreDechiffrieren(geheimtext,schlüssel);

    Klartext.setText(klartext);

}

else if (cmd.equals("Chiffrieren mit Caesar"))

{

    String klartext = Klartext.getText();

    int schlüssel = Integer.parseInt(Schlüssel.getText());

    String geheimtext = Facharbeit.caesarChiffrieren(klartext,schlüssel);

    Geheimtext.setText(geheimtext);

}

    else if (cmd.equals("Dechiffrieren mit Caesar"))

{

        String geheimtext = Geheimtext.getText();

        int schlüssel = Integer.parseInt(Schlüssel.getText());

        String klartext = Facharbeit.caesarDechiffrieren(geheimtext,schlüssel);

        Klartext.setText(klartext);

}

    else if (cmd.equals("Ende"))

{
```

```
        setVisible(false);

        dispose();

        System.exit(0);

      }

  }

  //Ende Actionlistener

}
```